Les affaires Su
SUDORINAIS
UN
SCANDALE ALGÉRIEN
BOU-AMEMA
H. SÉNEMAUD
Ex-Rédacteur en chef
du " Franc-Parleur Oranais "
Fais ce que dois !

LES

# AFFAIRES DU SUD ORANAIS

❦

BOU-AMEMA

## UN SCANDALE ALGÉRIEN

Pour recevoir la brochure FRANCO,

adresser un mandat-poste

à M.SÉNEMAUD, 23, boulevard de la République

ALGER

## TOUS DROITS DE REPRODUCTION RÉSERVÉS

J.-H. SÉNEMAUD

Ex-Rédacteur en chef du "FRANC-PARLEUR ORANAIS"

# LES AFFAIRES

## DU

# SUD ORANAIS

## BOU-AMEMA

## UN SCANDALE ALGÉRIEN

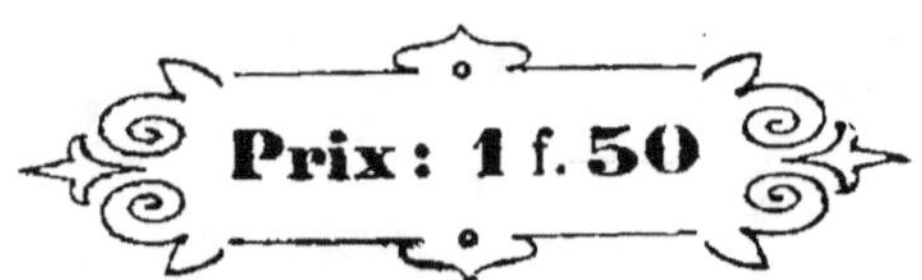


ALGER

IMPRIMERIE TYPOGRAPHIQUE ET LITHOGRAPHIQUE L. BARADE

Impasse de la Révolution, 1, et Rue Bab-el-Oued, 2

1887

# LES AFFAIRES DU SUD ORANAIS

## BOU-AMEMA

### UN SCANDALE ALGÉRIEN

Au moment où j'écris ces lignes, de partout en Europe s'élève un cliquetis d'armes. Les glaives que l'on sort du fourreau, les fusils que l'on arme de baïonnettes coupent l'horizon de reflets sinistres.

Tous les peuples protestent de leur amour pour la paix, tous les peuples rêvent la guerre et s'y préparent.

Les nations ont épuisé leurs efforts d'armement, il faut qu'elles se battent.

L'embrasement général du vieux monde est inévitable. Le canon fera peut-être entendre sa grosse voix sur nos frontières des Vosges avant que j'ai eu le temps de pousser le cri des sentinelles vigilantes : « Prenons garde à nous en Algérie ! »

De part ni d'autre on ne cache plus que la France et l'Allemagne devront se livrer un duel à mort. L'équilibre, ce fameux équilibre européen, est appelé à se modifier.

Matériellement nous sommes prêts et il ne saurait y avoir aucune défaillance morale sur cette vieille terre des Gaules qui enfanta tant de héros. Au besoin l'épée de Jeanne-d'Arc sortirait encore du fourreau.

En 1870 nous avions trop de boutons de guêtres et pas assez de soldats, pas assez de canons.

En 1887 s'il manque quelques boutons à nos guêtres, il ne manquera rien dans nos arsenaux.

Je n'ai donc aucune inquiétude, la France saura vaincre.

Mais où mes inquiétudes sont vives, c'est sur le sort de l'Algérie au lendemain de l'embrasement de l'Europe.

Depuis l'année terrible nos ministres de la guerre n'ont certainement eu qu'une seule idée, qu'un seul plan : réorganiser les forces militaires de la France. Ce plan poursuivi patiemment, résolument, n'a pas été trop entravé par les nombreuses crises ministérielles. Enfin, le général Boulanger a mis la dernière main à l'œuvre.

Mais pendant que l'attention des gouvernants de la mère-patrie se concentrait en Europe, l'Algérie, cette nouvelle France en face les côtes provençales, était abandonnée au pouvoir politique dictatorial de gouverneurs, issus des combinaisons électorales de députés à l'ambition malsaine, manquant de grandeur de vue et qui n'ont, malheureusement, pas tous été à la hauteur de leur tâche.

La politique de ruses et de mensonges, la politique de tromperie est une détestable politique. Elle pourrait avoir les plus graves conséquences et nous faire perdre le fruit de cinquante années de sacrifices en hommes et en argent.

J'accomplis aujourd'hui un devoir patriotique en signalant le danger auquel nous nous exposons, ou plutôt auquel une mauvaise politique algérienne nous expose.

Un de nos fidèles alliés qui nous avait puissamment aidé dans la conquête du pays a été sacrifié, traité comme un malfaiteur public dans l'espérance que cet acte d'ingratitude nous rallierait nos ennemis implacables, ceux qui ne se sont jamais soumis, les Ouled Sidi Cheik toujours prêts à saisir une occasion de lever l'étendard de l'insurrection.

Le gouvernement général en agissant de la sorte a perdu la confiance d'un allié, s'est exposé à sa légitime inimitié sans obtenir, ce qu'il recherchait, l'amitié des

Ouled Sidi Cheik. Ces derniers nous ont souffleté de leur méfiance disant qu'ils ne sauraient avoir confiance en la parole d'une nation qui venait de sacrifier indignement un vieil et fidèle ami des premiers jours.

Le Sud-Oranais pouvait être protégé, en cas d'insurrection, par les cavaliers des Harrars obéissant à leur vieux chef l'agha Sahraouï. Quelques tribus parfois faisaient défection mais ne tardaient pas à rentrer dans l'ordre en voyant leur chef inébranlable dans sa fidélité à la France.

Les Indigènes du Sud Oranais, aujourd'hui persuadés que nous payons par la plus noire ingratitude les services rendus par eux à la France, se laisseraient certainement entraîner par Si Hamza, l'insoumis du désert, le jour où une insurrection éclaterait en Algérie, en même temps qu'une guerre européenne dans laquelle la France jouerait son existence.

Les Harrars subiraient les premiers l'influence religieuse de Si Hamza et se rangeraient sous l'étendard du Prophète, n'étant plus maintenus dans l'obéissance à la France par leur chef Sahraouï, dont la disgrâce a été la récompense de ses services.

Les critiques que je vais adresser au Gouvernement général n'ont pas pour but de faire de l'opposition à M. Tirman que je considère comme un parfait chef de gouvernement, en prenant ce mot dans le sens bureaucratique, un très honnête homme capable de rendre aujourd'hui des services à l'Algérie.

Son apprentissage des hommes et des choses est fait. Il ne lui manque que de savoir prendre des résolutions énergiques et de ne plus avoir aucune faiblesse pour les « citoyens » *sans moralité* qui peuvent se trouver dans son conseil ou dans les assemblées électives.

Le Gouvernement de l'Algérie, à cause de la question des Indigènes, demande des connaissances spéciales qui ne s'acquièrent que par un séjour prolongé et des études dans le pays, à moins que l'on ne soit un homme de génie.

On peut naître pasteur des peuples comme on naît rôtisseur.

M. Tirman, surpris par le décret qui le nommait Roi

en Afrique, avait un apprentissage à faire. Au Conseil d'État il faisait partie des hygiénistes. L'étude de l'hygiène publique ne lui avait pas fourni l'occasion d'acquérir la science indispensable au pilote chargé de s'orienter et de diriger la barque algérienne au milieu d'écueils sans nombre.

La conception du projet de loi dit des cinquante millions, en collaboration avec la représentation algérienne, parfaitement « homogène », alors, pour accomplir les plus grosses sottises, a suffisamment démontré l'inexpérience de M. Tirman. Ce projet indisposait les Indigènes, avec lesquels nous serions malvenus à ne pas compter, et il n'aurait amené d'autre résultat que de favoriser une spéculation éhontée sur les terres des Arabes.

M. Tirman n'a pas trouvé en arrivant en Algérie les conseillers sur lesquels il avait le droit de compter. Chaque changement de gouverneur est une occasion pour les « bureaux » de *rouler* le nouveau venu s'il se confie à eux.

Ce sont les bureaucrates algériens qui ont fait un mythe de la question algérienne et l'Algérie n'a jamais eu de plus grand ennemi que son administration.

On a souvent reproché à la presse indépendante de la colonie, à laquelle j'ai appartenu, ses polémiques personnelles et violentes ; il faut dire, pour l'excuser, qu'elle ne pouvait pas faire autrement. La politique de principes n'existe nulle part en Algérie; il n'y a qu'une politique d'individus, qu'un gouvernement, qu'une administration égoïstes cherchant à faire triompher des intérêts particuliers, ceux de la coterie, sans l'ombre d'un principe ni le moindre dévouement à la chose publique.

Là où les principes sont remplacés par des hommes on ne peut discuter, combattre que des hommes.

Mais me voilà un peu loin de mon sujet emporté par ma plume ennemie de toute symétrie ; je lui passe la bride pour la ramener.

Je disais tout à l'heure qu'une insurrection des tribus arabes du désert doit inévitablement se produire le jour où la guerre éclatera entre la France et l'Allemagne. Ce jour-là les fautes d'une mauvaise politique retomberaient lourdement sur le pays.

Est-il vrai, comme on me l'a assuré, que dans le cercle de Tiaret des caïds ont été pris parmi les anciens partisans de Bou-Amema, pour remplacer des Indigènes coupables de fidélité à leur agha Sahraoui, un allié de la France ?

On aurait voulu préparer pour l'avenir la défection de nos tribus du Tell Oranais, que l'on n'aurait pas agi autrement.

Cette affaire de l'agha Sahraoüi, en dehors de la question politique maladroitement envisagée et résolue par le Gouvernement général, se complique d'une monstrueuse infamie dans laquelle le Gouverneur n'est pour rien ; mais, comme cette infamie servait les vues de la politique du moment, il a eu la faiblesse de la laisser commettre sans protester.

Je vais entrer dans les détails de ce scandale pour faire connaître à l'opinion publique certains chevaliers qui sont la plaie de l'Algérie et exploitent indignement les Indigènes tout en faisant soigneusement entretenir cette légende mensongère : « Tous les Arabes sont voleurs et assassins. »

Sans l'Arabe, le colon serait incapable de défricher et ce n'est pas dans les tribus arabes que l'on a vu récemment des enfants faire brûler vive, dans l'âtre, leur vieille mère, parce qu'elle était devenue un fardeau, une dépense, c'est chez les paysans français que des crimes aussi monstrueux se commettent.

Est-ce en France ou chez les Indigènes algériens que l'on trouve des bandes organisées pour voler et assassiner dans les villes et les campagnes, en plein jour ?

La réponse, tout le monde la fera sans hésitation.

Si les trois ou quatre millions d'Arabes qui peuplent l'Algérie et les ksours du Sahara étaient remplacés par des Européens de toutes les nations, obligés de se substanter avec quelques dattes, une gorgée de lait et de l'eau, il faudrait échelonner une armée sur les routes et les chemins pour protéger le voyageur et les colons dans leur ferme.

Quand j'entends les fils de Voltaire hurler contre

l'Arabe docile aux coups du sort et... de matraque, je me rappelle la fable du loup et de l'agneau.

On m'a répété bien souvent, à l'occasion de mes campagnes dans la presse, que j'avais tort de m'indigner contre les turpitudes et les malpropretés de la politique algérienne parce que l'honnêteté politique ne pouvait exister dans un pays conquis, dans un pays neuf.

Quelques-uns sont allés jusqu'à soutenir qu'un homme public pratiquant le chantage et commettant des vols, des escroqueries au bénéfice de *son parti* encore plus qu'à son bénéfice propre, valait beaucoup mieux qu'un autre dont l'honnêteté ne donnerait pas les *mêmes bénéfices* pour ses partisans.

Ces monstrueuses théories, je ne les accepterai jamais ni en Algérie, ni au Congo, ni ailleurs.

Il y a aussi les lâches qui s'en vont disant : « A quoi bon s'occuper de politique, croyez-vous que vous changerez la face des choses, parce que vous aurez lavé, en public, le linge sale algérien ? Cachons au contraire la pourriture de ses assemblées électives, de son administration !... »

Ce système en faveur chez les m'*enfoutistes* mène un pays tout droit à la mort, de la même façon qu'un individu lorsqu'il se contente de jeter un voile sur la gangrène qui le ronge, au lieu de couper résolument le membre gangrené.

Les délicats m'*enfoutistes* doivent s'étonner qu'un citoyen, la nuit, trouble leur sommeil en appelant au secours lorsqu'un incendie se déclare ou qu'un assassinat se commet.

Nous en demandons pardon aux m'*enfoutistes* de tous les âges et de tous les sexes, mais nous allons crier « au voleur ! » de toute la force de nos poumons et de toute la puissance de grincement de notre plume.

Si les ministres et les portiers, qui sont les deux plus grandes puissances en France, avaient vu fonctionner une des agences de tolérance qui existent en Algérie, sous l'œil paternel de l'administration, pour abuser de la naïveté des chefs arabes et les spolier, ils se seraient, depuis longtemps, empressés de couper ce mal dans la racine ou, si on veut, la racine de ce mal.

Une de ces agences opère à Oran à l'enseigne d'une grosse lanterne, et c'est son directeur que je viens traduire, en même temps que la politique des bureaux du Gouvernement général, devant le tribunal de l'opinion des honnêtes gens.

Les pouvoirs du Gouverneur général de l'Algérie à l'égard des Indigènes, sont des plus étendus et ceux d'un dictateur.

Dans l'intérêt même de l'administration algérienne il serait vraiment temps de réviser les pouvoirs attribués au Gouverneur par la décision ministérielle du 27 décembre 1858, portant la signature du prince Napoléon, alors ministre de l'Algérie et des Colonies, qui règle encore aujourd'hui la procédure dans l'application de la peine de l'internement d'un Indigène par mesure administrative.

Cette circulaire autorise le Gouverneur, sur un simple rapport de commandant de bureau arabe, à faire interner *dans n'importe quelle localité de l'Algérie, et sans qu'il soit nécessaire de faire comparaître les prévenus*, les Indigènes qui lui sont signalés comme ayant mérité ce terrible châtiment.

J'ouvre ici une parenthèse pour prévenir M. Tirman que ses pouvoirs ne vont pas, ainsi qu'il me le disait un jour, jusqu'à avoir le droit de prononcer l'internement en Corse.

Nous allons citer un exemple pour démontrer que l'arrêté du prince Napoléon ouvre à l'arbitraire une large porte qu'il est urgent de fermer.

Il y a six ans environ, on interna à Médéah, sur la simple proposition du commandant supérieur de Laghouat, le chef d'un ordre religieux fort répandu en Algérie, Si Ahmed Tedjini. L'influence de ce marabout, marié à une française, avait été cependant plus souvent utile que nuisible à notre politique et il n'avait jamais porté les armes contre la France.

Après un internement de plusieurs mois, on finit par reconnaître le peu de fondement des accusations qui avaient motivé la mesure de rigueur prise à son égard et Tedjini put retourner dans sa résidence habituelle d'Aïn- Madhi.

Un nouvel exemple d'arbitraire encore plus scandaleux, s'est produit dans la province d'Oran à l'égard de l'agha de Tiaret, Si el Hadj Kaddour Sahraoui, enlevé brutalement et interné dans la province de Constantine. Ses femmes, ses enfants eux-mêmes furent expulsés violemment de leur résidence de Tiaret et tous ses troupeaux chassés comme dangereux ! ! !

Un publiciste oranais a tenu dans cette affaire une attitude infâme et on verra tout à l'heure que sa conduite a été celle d'un misérable.

Pour retenir et modérer le Gouverneur général s'il lui prenait une envie immodérée d'exécuter le grand écart dans l'arbitraire, un Conseil supérieur de gouvernement composé de hauts fonctionnaires et de dix-huit membres élus dans le sein des Conseils généraux des trois provinces, a été institué et ses attributions réglées par le décret du 10 décembre 1860 (art. 12).

Mais M. Tirman est un homme d'une habileté incomparable pour garotter la critique, en lui passant au poignet et au cou des faveurs dont le tendre égale la solidité bien supérieure à celle des cordes avec lesquelles s'attachaient dans une armoire les frères Dawenport.

Le même concert de louange qui s'élève dans la presse se fait entendre au Conseil supérieur de gouvernement.

Voici le portrait très réussi de cette assemblée tracé par M. Georges Tillier dans une brochure ayant pour titre : *M. Tirman* :

« Les conseillers sont pénétrés de l'inanité de leurs travaux. Le fracas des discussions est calculé pour que l'écho en aille jusqu'au fond de leur hameau contrister les adversaires d'une personnalité omnipotente.

« Nous sommes habitués à cette distraction : Une fois l'an, comme l'Harrach grossi par les pluies sort de son lit et se fait fleuve, nos Nestor provinciaux gonflés de leur importance sortent de leurs attributions et se font corps législatif.

» Les braves gens sont victimes des flatteries d'un adjectif. Ils se disent que si on les appelle de leur village au milieu d'une assemblée supérieure, il faut bien qu'il y ait en eux quelque chose de cette supériorité qui a déterminé la création de l'institution.

» Là bas, on les voit partir d'un œil jaloux ou radieux. Dès que l'employé des Messageries Bonniffay, annonce qu'ils ont retenu un des coins du coupé de la diligence, la curiosité est en éveil. Longtemps avant l'heure, les électeurs influents viennent à la voiture recommander un parent, un ami, l'embranchement, le centre en projet sans lequel leur petite ville ne sera jamais qu'un petit trou.

» A Alger, ils endossent l'elbeuf, coiffent le haut de forme. Un supérieur n'arrive jamais seul. Ils s'attendent sur la place du Gouvernement aux pieds du *gros Poulot*. Chez Gruber, ils se groupent autour d'une table, sous les arcades : parlent haut de la discussion de la veille, de la délibération du jour, de leur réponse au général de division, de l'engagement du Gouverneur d'appuyer la création d'un tribunal à X — Huit jours pleins, ils sont dans la peau d'un député. Ils votent l'impôt, la responsabilité collective, les pouvoirs disciplinaires ; il les faudrait peu prier pour qu'ils votassent l'annexion de la France à l'Algérie. Leur besoin de voter est tellement impérieux qu'ils *dévotent* le lendemain ce qu'ils avaient voté la veille.

» Le gouverneur les complimente sur leur sagesse et leur affirme qu'ils ont tiré son administration d'une grande perplexité — remet à tous un volume copieux, boursoufflé de leurs discours habillé de gris, que nous payons et les renvoient à leur famille généralement bien portants.

» Ils partent glorieux, chacun avec la promesse d'une gare, d'un pont, d'une église, — on a même des églises pour les fervents. — Ils s'en vont convaincus que la bière de Gruber est excellente et que le Conseil supérieur dépasse de beaucoup la députation qu'on devrait bien supprimer. Ils s'en retournent, sans qu'un d'eux se souvenant du seul but qui les assemble, ait donné un conseil raisonnable au gouverneur ».

Il parait que les conseillers supérieurs de gouvernement coûtent annuellement au budget, soixante-dix mille francs, pour chanter en chœur :« Gouverneur vous avez raison », sur l'air du gendarme.

Et maintenant comprend-on pourquoi les écarts de la politique du gouvernement de l'Algérie ne peuvent être modérés par aucun frein. Ses Conseillers supérieurs sont de simples solliciteurs, de vulgaires quémandeurs pour leurs circonscriptions électorales.

*<br>* *

Avant de révéler au lecteur les faits scandaleux de l'affaire Sahraoui, je crois devoir énumérer très brièvement les services rendus à la France par ce grand chef Arabe qui, *depuis son arrestation*, a reçu de nombreuses lettres de généraux divisionnaires, avec lesquels il a combattu, entr'autres de l'honorable général Saussier, lui exprimant leur estime, leur sympathie et une véritable affection.

Ces lettres, je les ai toutes lues et si ma conviction n'avait pas déjà été faite, elles auraient suffi à me convaincre de l'innocence de Sahraoui, lâchement et odieusement accusé d'assassinat et de trahison par un méprisable folliculaire soudoyé pour faire cette répugnante besogne.

C'est au général Lamoricière que Sahraoui, investi du caïdat des Ouled-Khaled, fit sa soumission dès que les Français arrivèrent à Tiaret.

Deux ans plus tard, le général Deligny étant commandant chef du bureau arabe à Mascara, Sahraoui fit rentrer dans l'ordre les Harrars qui avaient suivi l'Emir Abdel-Kader au Maroc. En outre il réussit à faire demander l'aman par les Laghouat et les Trafis.

Le 8 avril 1864, il était avec la colonne Beauprêtre, à Aïn-Bou-Becker ; je donnerai plus loin des détails sur cette douloureuse affaire en discutant les accusations dont on a noirci Sahraoui devant l'opinion publique.

Peu après cet évènement, le général Deligny ayant formé une colonne expéditionnaire pour aller venger la mort de Beauprêtre, Sahraoui lui offrit ses services qui furent acceptés avec empressement.

A ce moment il obtint la soumission des tribus des Chaouia, des Oulad Aziz, des Oulad Bou-Afis, Oulad Zouad, Oulad Ben Hassin, des Sahari Cheraga et des Kroualed.

Le colonel Dustuc envoyé avec Sahraoui à Tiaret, pour trouver des convoyeurs, fut bloqué par la grande abondance de neige. Ce fut Sahraoui qui put réunir six mille chameaux qu'il fit amener au général Deligny à El-Abiod.

C'est alors que Sahraoui reçut la croix de Chevalier de la Légion d'honneur en même temps qu'il était nommé agha des Harrars en récompense de ses services et du brillant fait d'armes dans lequel il avait tué Mohamed ben Hamza, chef des Ouled Sidi Cheik, l'assassin du colonel Beauprêtre.

Quelques mois après, Sahraoui partait avec la colónne de Colomb pour faire rentrer le Hammyan de Sebdou, les Chafâa et les Demba, emmenés par Ahmed ben Hamza.

Cette nouvelle campagne dura plusieurs mois et à la suite des combats dans lesquels Sahraoui s'était encore conduit en vaillant guerrier, il reçut la rosette d'officier de la Légion d'honneur.

Pendant l'année terrible, profitant des embarras de la France en Europe, les Ouled Sidi Cheik, conduits par Kaddour ben Hamza, frère aîné de Eddin, actuellement agha de Géryville, se révoltèrent.

A ce moment critique, Sahraoui fut un des plus empressés à combattre sous le drapeau de la France. Ses goums surprirent les Ouled Sidi Cheik et après un combat acharné ils enlevaient la Smala complète de Kaddour ben Hamza, chef de l'insurrection, ses femmes, ses enfants, sa mère et ses esclaves, qui furent amenés au colonel Gand.

Kaddour ben Hamza, ses frères Eddin, son neveu Hamza bou Becker, avaient eu juste le temps de s'enfuir vers Gourara et de là vers l'Oued Guir aux Doui-Menia.

Parmi les femmes de la Smala, enlevée par les goums de Sahraoui se trouvait la propre femme de Kaddour ben Hamza ; elle fut épousée captive par l'un des fils de Sahraoui.

De ce jour les Ouled Sidi Cheik vouèrent une haine implacable à Sahraoui.

En 1881, éclate l'insurrection de Bou-Amema. Dès le premier jour Sahraoui sauve la vie au capitaine Parès du cercle de Tiaret, sur le point d'être assassiné comme le malheureux lieutenant Vandbrenner.

On se rappelle le bruit énorme que l'on fit en Algérie et en France, après le combat de Chellala. Le journal d'Oran, le *Petit Fanal*, par la plume de son rédacteur en chef, le « citoyen » Bézy, celui que nous avons appelé misérable, jeta la boue à pleines mains à la figure des officiers français.

Plus loin, nous donnerons le récit détaillé de ce combat.

Quelques jours après l'affaire de Chellala, l'agha

Sahraoui proposa au colonel Innocenti d'exécuter un hardi coup de main pour prendre Bou-Amema qui se trouvait à quelque distance. Cette proposition fut d'abord acceptée par le colonel, mais il revint sur sa décision après avoir consulté le capitaine Rieu dont les conseils avaient également été suivis pour le combat de Chellala.

A Aïn-Naadja, les cavaliers de Sahraoui se saisirent de deux espions de Bou-Amema.

Le lendemain encore des cavaliers envoyés en éclaireur, prirent un espion venant de Bérézina et qui apportait à Bou-Amema des lettres des Laghouat, Rzigat, Oulad Moumenn; El Gueraridj, Oulad Aïssa et des Sidi Nacem par lesquelles ces tribus annonçaient qu'elles étaient prêtes, avec d'autres des Ksours, à s'unir au marabout insurgé.

Sahraoui fut envoyé vers ces tribus afin de les tenir en respect et de les empêcher de s'unir à Bou-Amema. Ayant rencontré la colonne Brunetière, il informa cet officier supérieur que le marabout allait se rendre chez les OuledZian Gherabas et les Marabouts El Gherabas en le priant d'en donner avis au bach-agha de Frendah et au général Cérez.

Le bach-agha de Frendah fit répondre au colonel. « N'ayez pas de crainte, je suis sûr de mes gens ».

Mais, ainsi que l'avait annoncé Sahraoui, le marabout Bou-Amema s'était dirigé sur Frendah. Un espion ayant encore été pris, il avoua qu'il se rendait vers les Marabouts et les Oulad Zian El Gueraba pour leur dire de se tenir prêts à suivre Bou-Amema qui arrivait.

Le colonel Brunetière donna aussitôt l'ordre au fils du bach agha de Frendah, M'hamed Ould Cadi, d'envoyer ses goums surveiller ces tribus vers lesquelles Bou-Amema envoyait des espions. M'hamed Ould Cadi répondit avec assurance : « C'est un coup monté, il n'y a rien de vrai dans le dire des espions ».

Cette présomption, du fils de Ould Cadi fut encore la cause d'un massacre, car dans la nuit même, les Merabtin et les Oulad Zian partaient vers Bou-Amema. Ils le rencontrèrent à Tirsin près de Saïda, aux chantiers des alfatiers qu'ils massacrèrent.

Tous ces faits se passent de commentaires et montrent lequel de Sahraoui ou de Ould Cadi, fut le serviteur de la France le plus dévoué et le plus clairvoyant.

Le 14 juillet 1881, Sahraoui ayant été lancé avec ses goums, en avant de la colonne Brunetière, à la poursuite de Bou-Amema, s'empara de tout un camp composé des Lagouat de Kçal, des Ouled Sidi Hacem, Triss de Bérézina, Ghassoul et El-Abiod Sidi Cheik. Les chefs insurgés Kaddour ben Haouss, Ahmed ben Abdallah, Laarbi ben Ahmed etc, furent tués; leurs femmes, leurs étendards, leurs troupeaux, furent pris et remis entre les mains du colonel Brunetière.

Dans cette prise, il y avait 1,000 chameaux, 1,200 bœufs, 19,000 moutons, 5,000 chèvres et 65 chevaux de selle. Ces animaux, sur l'ordre du colonel, furent conduits à Tiaret et ceux qui restaient en y arrivant, furent remis au Receveur des Domaines.

Voici comment l'*Akhbar* portant la date du 21 juillet 1881, rend compte de ce combat : Les goums des Harrars incorporés dans la colonne Brunetière, livrèrent le 14 juillet un sanglant combat et battirent les contingents de Bou-Amema.

« La rencontre a eu lieu entre Frendah et Tiaret et le rôle le plus brillant a été joué par l'agha lui-même des Harrars, si Sahraoui qui s'est énergiquement comporté à la tête de ses goumiers.

» Le colonel Brunetière avait chargé ce chef d'aborder directement l'ennemi et de le pousser sur lui, qui, à cheval sur la route de Frendah se préparait à le recevoir ainsi entre deux feux.

» Cette manœuvre habile a parfaitement réussi.

» Avant de prendre ses dispositions d'attaque, l'agha avait fait évacuer sur la ville tous les impédimenta de sa tribu : il avait même eu soin de confier aux hommes peu valides le soin d'escorter les femmes et les enfants et c'est à la tête d'une troupe d'élite qu'il a pu aborder enfin l'insaisissable malfaiteur. »

Le combat, ajoutait l'*Akhbar*, n'a pas duré moins de trois heures et a été un brillant succès.

Enfin Sahraoui prit brillamment part au combat de Narhouz et après avoir fourni 2,100 chameaux au général Colonieu à Mécheria, les goums furent congédiés et rentrèrent chacun dans sa tribu.

Le général Delebecque invita par lettre Sahraouï à venir à Oran et il lui remit la croix de commandeur de la Légion d'honneur.

Deux mois plus tard Sahraoui recevait du général Delebecque l'ordre de réunir ses goums et de reprendre la campagne qui ne se terminait qu'après la complète pacification du Djebel-Amour.

Par ce qui précède, on a vu que partout et toujours Sahraoui avait vaillamment combattu pour la France.

J'arrive maintenant au récit des honteuses manœuvres et des agissements malpropres de ses ennemis acharnés pour le perdre et le dépouiller.

De tous les ennemis de Sahraoui, le bach agha de Frendah, Si Ahmed Ould Cadi, était celui qui le jalousait le plus et désirait avec une ardeur sans égale s'emparer d'une partie de son commandement, des territoires et des revenus y attachés.

La haine de Ould Cadi devint implacable le jour où le gouvernement, remaniant la circonscription de son bachalik, lui enleva une partie des territoires soumis à son autorité comme chef indigène.

Le bach agha diminué n'eut plus qu'une idée fixe, celle de dépouiller Sahraoui. Il s'adressa à tous les politiques algériens réputés hommes à tout faire.

Un juif d'Oran, le nommé Simon Kanouï, président du Consistoire israélite, ayant appris quelles étaient les convoitises de Ould Cadi, vit une magnifique opération à faire. Il offrit ses services à l'arabe.

J'ouvre ici une parenthèse pour expliquer que l'arabe, méfiant vis-à-vis du roumi, se laisse toujours duper avec la plus grande confiance par le juif.

Kanouï offrit de mettre au service de Ould Cadi l'influence qu'il prétendait avoir près du Gouverneur général, M. Albert Grévy.

Pour que le bach-agha de Frendah put se rendre compte de *visu* du degré d'influence dont jouissait Kanouï dans les salons du Gouverneur, ils firent ensemble un voyage à Alger.

En présentant Ould Cadi au Gouverneur, dans son cabinet, Kanouï, un juif mal élevé, prit des airs de familiarité avec M. Grévy. L'arabe voyant son barnum taper sur le ventre du *Grand-Kebir*, en l'appelant en langage sabir, « mon cher ami », crut que c'était arrivé.

Sans donner le temps à l'engouement de Ould Cadi de s'éteindre, le juif fit souscrire à son client, par acte authentique, comme condition, peut-être, de son concours en haut lieu, l'engagement de prêter à Madame Kanouï une somme de cent vingt mille francs pour cinq années, *sans intérêts* pendant ce délai *qui ne commencerait à courir qu'à partir du dernier verse-ment*. Il était stipulé que cette somme serait remise, par Ould Cadi à Kanouï, de la manière suivante :

|  |  |  |  |  |
|---|---|---|---|---|
| En mars | 1880 | ci.... | 50,000 | francs |
| Fin juin | » | » | 17,500 | » |
| Fin septembre | » | » | 17,500 | » |
| Fin décembre | » | » | 17,500 | » |
| Fin mars | 1881 | » | 17,500 | » |
|  |  | Total...... | 120,000 | francs |

Mais le bach agha Ould Cadi, aujourd'hui décédé, n'a versé que les sommes suivantes :

|  |  |  |  |
|---|---|---|---|
| 2 avril | 1880 ci... | 30,000 | francs |
| 23 avril | 1880 ci... | 20,000 | » |
| 10 mars | 1882 ci... | 10,000 | » |
|  | Total... | 60,000 | francs. |

Puis voyant que l'influence de Kanoui n'obtenait rien, Ould Cadi refusa de continuer les versements.

Après la mort de Ould Cadi, ses enfants réclamè-rent le remboursement des 60,000 francs versés, mais le juif Kanouï fort de la clause insérée dans l'acte de prêt à sa femme, répondit aux Arabes : « Vous avez oublié que c'est moi qui devrait vous réclamer le ver-sement du solde de mon emprunt, et pendant 5 années, à partir de ce versement, je ne vous dois aucun in-térêt pour la somme totale de 120,000 francs. »

(Le prêt avait été fait à Madame Kanoui parce qu'elle offrait une hypothèque.)

L'affaire en est là et les enfants de Si Ahmed Ould Cadi ne voulant pas sortir de leur poche une nouvelle somme de 60,000 francs, se voient menacés de ne jamais recevoir les premiers soixante mille versés par leur père lesquels, dans tous les cas, ne produisent et ne produiront jamais d'intérêts au profit du prêteur !

L'Arabe envieux a été joué par un juif.

Revenons en 1882, avant la mort de Ould Cadi. La seule influence de Kanoui n'ayant pas de succès, le parti constitué pour dépouiller Sahraoui songea à s'adjoindre un roumi influent, sans moralité et sans scrupules. On le rencontra dans la personne d'un publiciste, qui se dit libre-penseur, élevé sur les genoux des jésuites et que la rumeur publique, à tort ou à raison, accuse d'être toujours affilié à la Société de Jésus.

Ce journaliste Oranais est un ancien officier de Zouaves sorti de l'armée on ne sait au juste par quelle porte, d'une lâcheté proverbiale, rayé des cadres de la Légion d'honneur, puis réintégré après une campagne électorale heureuse en faveur d'un favori de Gambetta. De son nom, il s'appelle M. Bézy et prend dans son journal le titre de « Le citoyen ».

D'un cynisme inoui, cet homme de plume a toujours fait servir celle qu'il taille quotidiennement, avec beaucoup d'artifices et d'agrément, à la défense des *bonnes* causes. Si je souligne le mot « bonnes » c'est qu'il est mis ici dans le sens commercial et non dans le sens des principes.

Je ne devrais pas appeler M. Bézy un journaliste, son véritable titre est celui de directeur d'une officine de chantage politique et de scandale.

Voici ce que M. Monbrun, avocat à Oran, conseiller général, raconte dans une lettre publiée par le *Franc-Parleur Oranais* dans son numéro du 10 janvier 1887 :

« C'était à la fin de 1874, trois officiers de chasseurs d'Afrique, MM. Valloz, Vaudières et Comte, indignement outragés par vous (Bézy) dans l'un de vos articles, — car vous avez toujours été le même, — vinrent vous demander raison à vous, ancien officier, chevalier de la Légion d'honneur.

» Vous aviez refusé de leur donner cette réparation ; ils furent obligés de vous corriger publiquement et vertement, et pour ce fait, ils furent traduits au Conseil de guerre d'Oran. Le Conseil présidé par M. le colonel Détrie (que vous appelez de temps en temps le brave général Détrie parce qu'il l'est, lui, en effet) le Conseil acquitta ces messieurs à l'unanimité.

» La jeune barre voulut assister à ces émouvants débats et il nous fut donné d'entendre celui qui était chargé de porter la parole pour ces honorables accusés : « *MM. de Vallons, Vaudières et Comte s'honorent, dit-il, du fait qui leur est reproché ; nous regrettons seulement qu'ils n'aient pas su mépriser l'outrage et qu'ils n'aient pas compris qu'il est des injures qui n'atteignent pas. Elles montent si peu haut qu'elles restent dans le ruisseau, et c'est se salir les mains que de les y ramasser.* »

» Et les débats nous apprenaient que vous aviez été chassé de l'armée et que vous n'aviez pu trouver de témoins dans votre régiment.

» M. le Commissaire du Gouvernement rappelant vos insultes à l'armée terminait en s'écriant : «... *Ainsi lâche et insulteur de l'armée, tel est le rôle qu'il a rempli et pourtant il porte à la boutonnière le ruban du courage et de l'honneur.* »

Le sujet est-il assez malpropre ?

Si je pouvais avoir la conviction qu'il était de bonne foi et qu'il croyait défendre la vérité en menant la campagne contre Sahraoui, je ne lui reprocherais rien, mais tout démontre qu'il faisait *commerce de mensonge.*

Tant que Ould Cadi ne lui fit pas faire des propositions fermes et ne lui ouvrit pas son... cœur, Bézy ne songea nullement à attaquer la réputation de Sahraoui. En juillet 1881 il l'avait même défendue en même temps que celle de Ould Cadi, soupçonnées toutes les deux au Conseil général d'Oran.

Voici comment l'*Akhbar*, numéro du 19 juillet 1881, rend compte de cette séance orageuse à cause des événements militaires qui y furent discutés.

Le journal d'Alger s'écrie tout d'abord :

« M. Albert Grévy soutenu par MM. Leroux et Bézy ? Tableau ! Mais, après tout, c'est l'affaire de M. le Gouverneur, s'il est fier de ses amis. »

Puis le correspondant Oranais raconte que, dans cette séance du Conseil général, la Commission d'enquête sur les causes de l'insurrection du Sud-Oranais fit son rapport dans lequel elle citait le très grand mécontentement de Ould Cadi, bach agha de Frenda, auquel on avait enlevé 9 tribus sur 14 dont se composait son fief seigneurial, comme étant une des causes possibles de l'insurrection.

La Commission constatait également la maladresse du gouvernement qui, après avoir mécontenté Ould Cadi, avait trouvé le moyen de rendre mécontent Sahraoui, l'agha de Tiaret, en promettant au bach agha de Frenda de lui donner cinq tribus de l'aghalick de Tiaret en échange des neuf qui avaient été distraites de son bachalik de Frenda.

Les membres de la presse Oranaise, présents à cette séance, ayant demandé communication du rapport de la Commission, le « citoyen » Bézy protesta énergiquement contre cette demande. Il fallut la non moins énergique intervention de M. Fouque, conseiller général, pour que satisfaction fut donnée aux journalistes.

Le même jour, le Conseil général d'Oran tint une séance de nuit. Le conseiller d'Aïn-Témouchent, le mauvais citoyen Bézy, demanda alors la modification du rapport de la Commission dans les passages critiquant le Gouvernement général et ceux relatant le mécontentement de Ould Cadi et de Sahraoui, laissant planer des soupçons sur leur fidélité.

Un conseiller, M. Rouire, refusa de signer le rapport ainsi tronqué.

L'*Akhbar* du 20 juillet 1881 nous apprend que c'est avec des paroles doucereuses et mielleuses, dans un discours agrémenté de blagues d'atelier et de jeux de mots, que Bézy défendit le Gouverneur général, Sahraoui et Ould Cadi.

On voit donc, par ces citations, qu'en juillet 1881 le citoyen Bézy ne reprochait rien à Sahraoui puisqu'il le défendait au Conseil général d'Oran contre des insinuations injustes.

Déjà au mois de juin, on avait mis en circulation, pour nuire à Sahraoui, le bruit que son mécontentement était une des causes de l'insurrection du Sud-Ouest Oranais. Cette version fut démentie officiellement, comme étant dénuée de fondement.

Voici ce que l'on peut lire dans l'*Akhbar* du 6, 7 et 8 juin 1881 :

« L'Agence Havas nous communique la note suivante :

« Un journal d'Oran a publié, plusieurs autres journaux ont reproduit, un article d'après lequel, en tête des causes de l'insurrection dans le Sud-Ouest, il faudrait placer le mécontentement de l'agha de Tiaret, froissé de ce que, lors de la création de la commune mixte de Frenda, l'autorité supérieure aurait détaché de l'aghalik des Harrars plusieurs tribus pour les faire passer dans le bachalik de Frenda.

» On ajoute que ce sont précisément ces tribus, les Ouled Zian Cheraga et les Haddou, qui ont commencé le mouvement insurrectionnel, parce qu'elles ne voulaient pas passer sous le commandement du bach agha de Frenda.

» Cette version est dénuée de fondement. Il suffit, pour s'en convaincre, de se rapporter à l'arrêté qui réorganise le territoire militaire de la division d'Oran après l'opération du rattachement. Le bach agha de Frenda, dont le commandement avait été réduit à cinq tribus, par l'arrêté du 25 août 1880, est resté avec ses cinq tribus. Quant à l'agha de Tiaret, il conserve l'intégralité de son commandement qui n'a d'ailleurs pas été touché par l'extension du territoire civil. »

Les ennemis de Sahraoui, ceux qui convoitaient le gouvernement de ses tribus, parce qu'ils savaient bien pouvoir en retirer des revenus ou impôts considérables, étaient tenaces et ils avaient soif de satisfaire leurs convoitises.

Le Bézy, acquis à leur cause, commença donc dans son dépotoir-journal une campagne d'une violence inouie contre l'agha de Tiaret, Sahraoui, l'accusant d'assassinat et de trahison.

Du jour où le « citoyen » Bézy prit la direction du complot, il fut mené avec un machiavélisme que Loyola, le fondateur de l'ordre des Jésuites, eût admiré.

Le « citoyen » Bézy qui s'affiche aujourd'hui comme un libre-penseur, un anti-clérical enragé, était autrefois, en France, cité comme un modèle de piété, un fervent catholique. En politique, il a débuté par l'intransigeance à tout crin, puis lorsque l'opportunisme a tenu le manche, il s'est mis à quatre pattes pour tirer le char de l'opportunisme. A la chûte de Ferry, dont il avait quotidiennement chanté les louanges, il s'est détellé et il attend dans le ruisseau, où il puise des pots-de-vi...dange, le passage d'un nouveau char qui lui semblera assez solidement construit pour être traîné longtemps.

Voilà l'homme.

Sa situation de conseiller général lui donnait toutes facilités pour être tenu au courant de ce qui se passait dans les diverses sphères gouvernementales. Lorsque le général Thomassin fut nommé à la division d'Oran, le sieur Bézy connut bien vite les idées de ce chef militaire pour l'achèvement de la pacification de l'extrême Sud-Oranais.

Le général Thomassin, animé d'excellentes intentions, rêva un coup de maître pour amener les Ouled Sidi Cheik à se soumettre, ce qu'aucun gouverneur militaire ou civil n'avait pu obtenir. Malheureusement il ne comprit pas que l'acte d'ingratitude noire envers Sahraoui, dont le Gouvernement français s'est rendu coupable, sur des conseils maladroits ou intéressés, devait faire écrouler sa grande machine de guerre.

Le plan du général Thomassin non-seulement n'a pas réussi, mais il pourrait être la cause de sérieux embarras dans l'avenir.

J'ai raconté que la femme de Si Kaddour ben Hamza avait été enlevée, dans un combat, par Sahraoui. En frappant ce dernier et en l'internant dans la province de Constantine, on espérait donner satisfaction au chef insoumis des Ouled Sidi Cheik, ben Hamza, auquel on offrirait ensuite de l'or et des grandeurs.

Tel était le plan conçu en haut lieu.

Le « citoyen » Bézy en ayant eu connaissance songea à en tirer parti dans l'intérêt de la conspiration contre Sahraoui dont il était le bras et Ould Cadi le trésorier. Dans son journal il se prit à vociférer contre Sahraoui, demandant qu'il fut sommairement passé par les armes.

Ce plumitif, valet du bach-agha de Frenda, Ould Cadi, s'était dit avec raison : Si le gouvernement met à exécution son projet d'éloigner Sahraoui de la province d'Oran, je pourrai me targuer d'avoir par mes articles obtenu ce résultat et passer à la caisse.

C'était canaille, mais c'était adroit.

Pour charger Sahraoui des plus noirs forfaits, devant l'opinion publique, *car le gouvernement n'a ja-*

*mais douté de Sahraoui, j'en donnerai la preuve la plus irréfutable*, le rédacteur en chef du *Fanal Oranais*, en collaboration avec Ould Cadi, rechercha certains faits malheureux pour nos armes dans la conquête de l'Algérie et il en chargea l'agha de Tiaret.

C'était simple, en même temps que d'une rare impudence.

En prenant l'absinthe et en regardant dans la main de Ould Cadi, vingt ans après le massacre de la colonne Beauprêtre à Aïn-bou-Beker, le « citoyen » Bézy découvrit que Sahraoui devait être l'assassin du colonel. C'était accuser tous les généraux qui se sont succédé depuis 1864, dans la province d'Oran, d'inintelligence ou de complicité puisqu'ils avaient comblé Sahraoui de décorations et de titres.

Voici dans quelles circonstances et comment eu lieu ce massacre de la colonne Beauprêtre.

En 1864 tout le pâté montagneux du Djebel-Amour, tous les Ksours du Sud s'étaient soulevés comme un seul homme.

Le colonel Beauprêtre partit de Tiaret avec une colonne de sept cents hommes, à la rencontre des insurgés vingt fois plus nombreux.

Le 7 avril, au soir, il campait à Oumouinet-bou-Beker entre Tiaret, Géryville et Stiten, près d'un petit cours d'eau, dans un bas fonds, à 25 mètres duquel se trouve actuellement le tumulus, de forme carrée, à la base et conique à la partie supérieure, élevé en l'honneur des Français morts glorieusement.

On lit encore à la base de ce mausolée :

### A LA MÉMOIRE

#### DE MM.

BEAUPRÊTRE, COLONEL, COMMANDANT LE CERCLE
DE TIARET

THIBAULT, CAPITAINE AU 2ᵉ SPAHIS

ISNARD, CAPITAINE AU 24ᵉ DE LIGNE

BLANCPIED, LIEUTENANT AU 2ᵉ TIRAILLEURS

PERRIN, LIEUTENANT AU 2ᵉ SPAHIS

CABISSOT, INTERPRÈTE MILITAIRE

8 AVRIL 1864

A 2 heures du matin, le 8 avril, par une nuit noire, Si Hamza à la tête de ses contingents à cheval, se précipita comme une avalanche sur le camp français, allant droit à la tente du colonel Beauprêtre. Celui-ci en chemise eut à peine le temps de saisir ses pistolets. Sa première balle fracassa la tête de Si Hamza, mais mortellement blessé lui-même il commanda aux survivants de le suivre sur le monticule qui est à 50 mètres du cours d'eau et là, en chemise, le sabre au poing, commandant le feu jusqu'à extinction des cartouches, il fut massacré avec toute sa petite troupe.

Trois hommes seulement échappèrent au massacre : un vétérinaire qui se réfugia à Stiten et devint subitement fou, un trompette de spahis et un ordonnance.

Pendant ce massacre Sahraoui occupait un col assez éloigné de Oumouinnet-bou-Becker, où l'avait placé le colonel Beauprêtre avec l'ordre formel de ne pas bouger sans un nouvel ordre.

L'enquête officielle qui a été faite l'a établi sans que aucun doute ait subsisté.

Smaïn ben Mazari, neveu du général Mustapha ben Smaïl et Si Ahmed Ould Cadi, bach agha de Frenda, avec 160 goumiers étaient avec Beauprêtre.

Ils s'étaient enfuis à El-Abiod.

Une autre accusation lancée contre Sahraoui est d'avoir attaché la croix de la Légion d'honneur à la queue de son cheval.

L'accusateur, sans plus se gêner, a tout bonnement mis sur le dos de l'agha Sahraoui une action commise en 1864 par le caïd Ben Dris du cercle de Boghar. Ce caïd, en effet, ayant levé l'étendard de la révolte attacha la croix de la Légion d'honneur à la queue de son cheval.

Je dois déclarer ici que je me sens moins humilié, comme Français, de savoir qu'un noble coursier a pu porter, attachée à sa queue, la croix de notre ordre national de la Légion d'honneur que de l'avoir vue *rattacher* sur la poitrine de l'accusateur de l'arabe Sahraoui.

La dernière accusation dont Sahraoui a été chargé c'est d'avoir été de connivence avec l'ennemi au combat de Chellala.

C'est presque un événement du jour, il sera facile de démontrer l'odieux de l'accusation par la relation officielle des événements. S'il fallait y ajouter les dépositions des témoins, nous le ferions très facilement.

Ce combat de Chellala, absolument dénaturé par une certaine presse, mérite que nous nous y arrêtions pour rendre justice à nos braves soldats et officiers, odieusement insultés, à cette occasion, par le *Petit Fanal Oranais*.

Des bruits de toutes sortes ont circulé sur l'origine de l'insurrection dont Bou Amema a été le chef. Nous avons entendu un officier de spahis, en retraite aujourd'hui, affirmer que des agents italiens, sous le fallacieux prétexte d'acheter des chevaux arabes, avaient parcouru les tribus du Sud Oranais et porté partout le mot d'ordre de l'insurrection. Bien entendu ces soi-disant maquignons n'achetèrent aucun cheval ni même aucun descendant de la bourrique à Balaam, qui était un âne.

Je donne cette version sous toutes réserves.

Ensuite les opérations militaires, dans la lutte contre Bou-Amema ne furent pas toujours heureuses. Je n'ai pas à savoir ni à rechercher si des fautes furent commises, ni quels sont les coupables, je constate seulement, en passant, que le journal le *Petit Fanal* se fit remarquer par son ardeur à accuser nos généraux et nos colonels d'impéritie et de lâcheté. Un journal prussien n'eut pas eu une attitude différente.

En ce qui concerne le combat de Chellala, il est véritablement odieux qu'un citoyen né de père et mère français, conseiller général d'Aïn-Témouchent, se soit associé aux Arabes haineux qui, pour malmener Sahraoui dont ils voulaient la perte à tout prix, osèrent répandre le bruit que les troupes françaises avaient été honteusement battues et mises en déroute.

C'était un mensonge. La vérité, c'est que le convoi de la colonne Innocenti fut pillé, au début de l'action, par suite de l'affolement ou de la défection des goums de *droite* commandés par Bel Hadri *Ould Cadi, fils du bach'agha de Frenda* et par Kaddour Ould Adda, agha de Saïda.

Voici les faits :

« Lorsque le 18 mai 1881, un émissaire du caïd de Chellala vint apporter au camp du colonel Innocenti, établi à une source dans la plaine d'El-Monalok, entre les deux montagnes de ce nom, une lettre pour l'avertir qu'il serait attaqué le lendemain par les contingents de Bou-Amema, les chefs de corps furent immédiatement réunis pour recevoir des instructions de combat.

»Vers 10 heures du soir, le colonel Innocenti fit venir dans sa tente les trois chefs de goum et il leur donna des ordres écrits. Il était *minuit* lorsque ces trois chefs indigènes sortirent de la tente du colonel pour aller rejoindre leur campement.

» Du camp français au camp de Bou Amema, il y avait 12 heures de chemin d'où impossibilité complète pour Sahraoui d'avoir pu communiquer avec l'ennemi, comme l'a insinué son accusateur, puisque le lever du camp a eu lieu à *3 heures 1/2 du matin*.

Il faut encore ajouter que le camp français était entouré de grand' gardes et qu'un Arabe à cheval eut été vu, sortant ou entrant.

Les ordres écrits, remis aux chefs de goums leur furent répétés verbalement à chacun. On les lançait à un kilomètre en avant de la colonne avec la recommandation, s'ils ne pouvaient supporter le choc de l'ennemi, de se replier et de se placer en arrière pour ne pas paralyser les feux de l'infanterie et de l'artillerie.

Le goum de Frenda et le goum de Saïda marchaient sur la droite de la colonne.

Sahraoui, à la tête de son goum des Harrars, avait été placé seul sur la *gauche*.

Au premier choc des cavaliers de Bou-Amema, les goums de *droite* s'enfuirent en désordre, se précipitèrent dans l'intérieur du carré et y firent entrer avec eux les goums ennemis.

Un désordre indescriptible s'en suivit et les convoyeurs s'étant enfuis, le convoi fut entièrement pillé.

Au milieu de cette panique, Sahraoui montre qu'il est toujours un vaillant guerrier. S'étant jeté dans la mêlée, secondé par quelques-uns de ses plus braves cavaliers, il reprend à l'ennemi un troupeau de chameaux qu'il venait d'enlever.

L'attitude de Sahraoui fut donc correcte, tandis que celle de Bel-Hadri, fils du bach-agha, de Frendah, autorise tous les soupçons. Néanmoins, avec une audace et une impudence de coquin, l'agent de Si Ahmed Ould Cadi, bach-agha de Frendah, répandit dans le public le bruit que le pillage du convoi de la colonne Innocenti — et ajoutait-il la déroute complète de la colonne — était dû à la connivence de Sahraoui avec l'ennemi !

Voilà comment des drôles écrivent l'histoire en Algérie ! !

Je ne veux pas quitter cette affaire de Chellala sans avoir effacé les injures qui furent jetées à la face des officiers français par l'homme à Ould Cadi, le « citoyen » Bézy.

J'ai affirmé que Bézy insultait la France lorsqu'il traitait, dans son journal, nos officiers d'Afrique de fuyards, et la *France Militaire* dans son numéro du 17 Septembre 1886 a ajouté : Bézy a *menti sciemment* lorsqu'il a écrit que la colonne Innocenti s'était laissé surprendre.

Et ce journal « *fort écouté à Paris parce qu'il est dirigé par des hommes compétents et connaissant à fond les questions qu'ils traitent* », ajoutait encore : « le citoyen Bézy **est un misérable.** »

Il y a une chose à laquelle les journalistes devraient s'abstenir de toucher : C'est à l'honneur de l'armée, à sa réputation de bravoure, aux légendes glorieuses, même exagérées. Notre scepticisme a tué le culte pieux du drapeau; on regarde passer avec indifférence le drapeau d'un régiment, on prostitue les trois couleurs dans les orgies, on les accroche comme enseigne aux devantures des établissements les plus interlopes on les traîne dans toutes les mascarades de carnaval.

On a eu tort d'affaiblir dans le cœur des mâles cette religion du drapeau, il fallait au contraire soigneusement l'entretenir.

Si encore à tout propos et hors de propos on insulte l'armée, on nie la bravoure des chefs, n'est-ce pas détruire entièrement dans le cœur du soldat la confiance qui rend audacieux et fort ?

Il est véritablement honteux que le gouvernement ait laissé lâchement insulter de braves officiers, qui s'étaient battus à Chellala comme des lions, par un *misérable* obéissant à un mobile tellement bas que j'ai honte, pour les électeurs qui l'ont envoyé au Conseil général d'Oran, de le faire connaître.

D'abord la colonne Innocenti, ne se laissa nullement surprendre, elle attendit au contraire, pendant une heure, l'ennemi qui venait lui offrir le combat.

Le commandant Laffont, de la Légion étrangère, était en tête du carré et, à trois reprises différentes, il demanda au colonel Innocenti s'il fallait commencer le feu. Le commandement de « feu de bataillon » ne fut donné que lorsque l'ennemi eut rapproché sa distance à mille mètres.

Voici maintenant le récit, fait par un combattant, que le *Monde Illustré* a publié dans son numéro 1265 portant la date du 25 juin 1881 :

« *Combat d'El Monalok près Chellala*. -- Dès le **18** mai, dans l'après-midi, un émissaire envoyé par le caïd de Chellala, vint nous prévenir que nous serions attaqués le lendemain par les contingents de Bou-Amema.

« Nos troupes s'élevaient à un effectif de 2400 hommes, composé de 4 escadrons de chasseurs d'Afrique, un bataillon de zouaves, un bataillon de la légion et un bataillon de tirailleurs algériens.

« Ces troupes marchaient en carré et enveloppaient entièrement notre convoi de 2000 chameaux conduits par mille convoyeurs environ, notre ambulance, l'artillerie et les mulets du train. En dehors du carré et à 2 kilomètres en avant, marchaient à gauche le goum de Tiaret, et à droite le goum de Saïda et de Frendah, en tout environ 1300 goumiers conduits, ceux de *gauche*, par l'agha Kaddour ben Sahraoui ; ceux de droite par l'agha Kaddour Ould Adda et Bel Hadri ould Cadi.

« L'ennemi, deux fois plus nombreux que nous, est venu nous offrir le combat. Fanatisés par les prédications de Bou-Amema qui leur avait affirmé qu'il ne sortirait que de l'eau de nos fusils, les arabes nous ont attaqués sur le front et sur les flancs, avec un rare acharnement.

« Le combat, commencé à huit heures et demie du matin, a duré deux heures.

» Les goums de gauche (Sahraoui) après avoir tenu quelques instants, ont dû se replier en arrière de la colonne, *exécutant ainsi l'ordre qu'ils avaient reçu*, afin de ne pas paralyser le feu de notre infanterie, qui se trouvait sur le flanc gauche.

« Mais, les goums de *droite* (OULD CADI et Ould Adda) *soit connivence avec l'ennemi,* soit peur, au lieu d'exécuter le même mouvement que les goums de gauche, se sont jetés dans le carré, par le flanc droit, *sans tirer un coup de feu sur l'ennemi,* qui se mêlant aux fuyards, est rentré pêle-mêle avec eux dans le carré.

De là, un désordre effroyable dans le convoi, les chameaux couraient affolés, jetant leurs charges; les convoyeurs coupaient les liens qui retenaient les charges sur les chameaux, pour prendre la fuite avec leurs bêtes ou passer à l'ennemi, les soldats du carré se battaient à l'arme blanche. On a vu des chameliers ou des goumiers tirant sur eux à bout portant, brisant les cantines des officiers, pour y voler leurs effets, crevant les tonneaux d'eau, de vin et d'eau-de-vie.

« Pendant ce massacre et ce pillage, nos soldats des faces étaient toujours occupés à tenir tête à l'ennemi qui était en dehors du carré.

« Mais bientôt l'ennemi qui était dans le carré, voyant qu'il était enveloppé, s'empressa d'en sortir emportant une partie du convoi, *qui fut aussitôt reprise par nos goums* (Sahraoui à leur tête). Une demi-heure après, l'ennemi était mis en déroute; nous avions tiré 37,000 cartouches de fusils Gras et 42 coups de canon. Le feu avait commencé à 1000 mètres, l'ennemi est arrivé jusqu'à 80 mètres sur le front, et s'est fait tuer à quelques mètres seulement sur les flancs.

« Nous avons eu 60 tués ou disparus et 20 blessés.

« Sans la défection des goums (de *Ould Cadi* et de Ould Adda), l'affaire d'El Monalok compterait comme l'une des plus brillantes de nos annales algériennes. »

A Chellala, les chasseurs d'Afrique furent les plus éprouvés comme pertes. Ils se conduisirent en héros, et il est bien permis de s'indigner contre le journaliste Bézy, le dernier des lâches, lorsqu'on a lu ses écrits dans lesquels il ment avec une impudence rare pour essayer sans cesse de ternir le renom de bravoure de notre cavalerie d'Afrique.

Cet homme a été jusqu'aux extrêmes limites de l'odieux. Pour gagner la récompense que lui promettait le bach agha Ould Cadi, il a menti sciemment en chargeant Sahraoui, devant l'opinion publique, d'une défection dont s'est rendu coupable précisément *le fils de Ould Cadi.*

Quelques plumitifs attelés au char de tous les gouverneurs passés, présents ou futurs, auront beau dire qu'en France on ne connaît rien des affaires algériennes quand on demande l'application aux indigènes des principes de justice, nous persiterons à penser que ce sont au contraire les Tartarins descendus des hauteurs de Montmartre ou sortis d'une « moutardière » de Brives-la-Gaillarde, avec un bagage de commande, qui ont fait un tort incalculable à l'Algérie, avec leurs plates élucubrations dans la presse Algérienne.

Le Tarasconnais d'Alphonse Daudet n'était que ridicule avec les mauresques de la Casbah ; sa manie de prendre des ânes algériens pour des lions ne pouvait être dangereuse que pour les bourriquots. Les Tartarins de la presse, venus en Algérie pour y décrocher une vice-résidence au Tonkin ou au Congo, sont extrêmement dangereux parce qu'ils cherchent à implanter dans le pays qui les héberge, le culte des Dieux en politique, et la religion de la Force et du Mensonge.

La question algérienne, pour ces gaillards-là, se résume en ces trois points :

1° Massacrer tous les arabes et s'emparer de leurs biens.

2° Expulser tous les étrangers appartenant à la classe des travailleurs, le soleil d'Afrique ne devant luire que pour les étrangers oisifs et riches.

3° Obtenir les subsides de la mère-patrie pour entretenir un peuple de bureaucrates dont la mission serait de décourager les colons arrivant pour se livrer à l'agriculture avec un capital de beaucoup de bonne volonté et de courage.

Et alors tous ceux qui ne comprennent pas la question algérienne de cette façon sont traités de misérables et d'idiots.

Pour ma part, je crois sincérement que les publicistes de la mère-patrie lorsqu'ils réclament, pour les arabes le droit à la justice et un gouvernement qui leur soit bon et équitable, au lieu de l'arbitraire actuel, sont dans le vrai et défendent mieux les intérêts de la France que les aboyeurs, de parti pris, après l'indigène.

Il ne faudrait pas répéter bien souvent des scandales du genre de celui dont Sahraoui est la victime pour donner à la France, aux yeux des arabes, un mauvais renom.

Le journaliste qui a produit ce scandale mérite d'autant plus d'être sévèrement jugé par les honnêtes gens, qu'il n'a pas reculé, pour arriver à son but, devant l'insulte à l'armée française d'Afrique.

Le combat de Chellala n'a pas été une *honteuse* défaite, comme l'a dit le journal d'Oran le *Petit Fanal*, mais ce mensonge répandu par le journaliste Bézy, a permis à Bou Amema de faire croire à ses recrues de l'extrême sud que Mahomed venait de lui donner une grande victoire, de reconquérir leur confiance qui s'en allait et de les retenir dans ses rangs.

Le marabout a pu de la sorte tenir la campagne pendant près de trois ans, en évitant toujours nos colonnes. La France y a perdu 50 millions, mais le « citoyen » Bézy a gagné les faveurs de la famille Ould Cadi.

Revenons aux événements qui se sont succédé pour aboutir à une faute politique dont les conséquences morales pourraient avoir une gravité très grande.

Pendant le cours de la campagne contre Bou Amema, l'agha de Tiaret, Sahraoui, avait perdu un grand nombre de ses troupeaux, des chevaux, des armes, de l'argent, etc, le tout représentant une somme considérable.

Rentré sur son territoire de commandement, après le licenciement de ses goums, il fit ce que tous ses pareils, les seigneurs de la féodalité arabe, ont toujours fait : il pressura ses administrés indigènes, il leva la dîme pour se récupérer des pertes que l'insurrection lui avait fait subir.

C'est à l'aide de semblables procédés que Ould Cadi, bach agha de Frendah, a acquis son immense fortune, de même que tous les grands chefs indigènes aujourd'hui les mieux en Cour, sans aucune exception.

Le régime féodal en Afrique n'est pas meilleur que ne l'était le régime féodal en France, il faut le supprimer, mais tant qu'il subsistera il ne faut pas se montrer surpris que les seigneurs féodaux agissent en seigneurs sur leurs fiefs.

Les ennemis, les envieux de Sahraoui aidèrent à répandre le bruit, lancé par le journal du « citoyen Bézy », que Sahraoui était un assassin, un traître, digne de la potence. En attendant qu'on put lui mettre la corde au cou, on lui fit subir l'exposition publique.

C'est très encourageant pour les chefs arabes du désert qui seraient tentés de faire alliance avec la France pour combattre dans ses rangs.

On a si bien fait, grâce au silence coupable du gouvernement de l'Algérie, que la masse du public croit à la vérité des accusations à l'aide desquelles on a voulu faire de Sahraoui le dernier des gredins.

Je montrerai tout à l'heure d'une façon *officielle*, si je puis m'exprimer ainsi, que jamais aucun soupçon n'a plané sur l'agha. Le gredin dans cette scandaleuse affaire est parmi les accusateurs.

Le journaliste qui menait dans sa gazette prostituée, une campagne violente contre Sahraoui, à l'aide de mensonges odieux, ne comptait nullement sur ses mensonges pour tromper le gouvernement, il n'y avait recours que pour tromper l'opinion publique ignorante.

Le prétexte à faire valoir aux yeux du gouvernement pour obtenir l'enlèvement de l'agha de Tiaret, on le trouva dans des actes d'administration, dans le prélèvement de la dîme selon l'usage dans la société arabe.,

On dut s'arranger pour que des plaintes nombreuses verbales et écrites, fussent formulées par certains administrés indigènes contre l'agha Sahraoui.

Une enquête sérieuse, à l'époque, faite non point par la magistrature algérienne « horizontaliste » ; mais dirigée par des hommes « droits », une enquête dis-je, eut certainement mis à jour les exercices des mains de Quld Cadi, s'ouvrant pleines d'or, pour avoir des alliés voulant l'aider dans la poursuite de sa *vendetta* contre Si El Hadj Kaddour Sahraoui.

Les plaintes d'exaction se succèdant nombreuses au gouvernement général de l'Algérie, M. Tirman, trop fraîchement débarqué pour bien connaître les mœurs et coutumes arabes et les difficultés de la politique indigène, usant des pouvoirs que lui confère la décision ministérielle du 27 décembre 1858, dont j'ai parlé au commencement de cette brochure, prononça la révocation de l'agha de Tiaret et son internement dans la province de Constantine, par mesure administrative, sans vouloir admettre l'arabe condamné à être entendu et à présenter sa défense.

Sahraoui dut être d'autant plus surpris de cette mesure arbitraire et excessive qu'il crut qu'elle avait été prise à la suite des dénonciations infâmes d'un journal. Il ne sut même pas pourquoi il était interné.

Cet arbitraire est véritablement excessif.

Le navire qui transportait Sahraoui à Bougie, n'avait pas encore touché à destination que le « citoyen Bézy » l'accusateur, touchait, lui, à la caisse du Crédit Foncier à Oran, le montant d'un crédit de dix mille francs qui lui était ouvert, par acte authentique, avec la signature du bach-agha de Frendah, Si Ahmed Ould Cadi.

Ce système d'ouverture de crédit permettait à l'arabe de tenir son homme, par la crainte d'une demande de remboursement.

Je ne relate que cette ouverture de crédit de dix mille francs parce que le fait est authentique et qu'il est impossible de le nier. Je ne rechercherai point ce que la main droite de Ould Cadi contenait, chaque fois qu'elle s'ouvrait dans la main gauche de ses associés pour perdre et déshonorer Sahraoui.

Maintenant j'arrive à la preuve *officielle* de l'innocence de Sahraoui que j'ai promis de fournir, la voici: c'est la parole de M. Tirman, dont l'honnêteté n'a jamais été contestée, le gouverneur même qui a prononcé l'internement de l'agha de Tiaret.

M. Tirman dans son cabinet, m'a, à plusieurs reprises, affirmé « *que toutes les accusations lancées contre Sahraoui dans la presse n'avaient aucun fondement sérieux.*

» J'ai, m'a-t-il encore dit, *retiré son commandement à Sahraoui, et je l'ai fait enlever de Tiaret, par mesure administrative, à la suite de nombreuses plaintes d'exactions qui m'étaient parvenues. J'ai usé à son égard du droit que je possède de faire interner les indigènes, sans les entendre ni les faire juger, lorsque cela me paraît utile dans l'intérêt de l'administration et de la tranquillité du pays.*

» *Aussitôt après son arrestation* a ajouté M. Tirman, j'ai demandé au général Thomassin s'il y avait quelque chose de vrai dans les accusations dont un journal d'Oran se faisait l'écho et s'il fallait traduire Sahraoui devant un Conseil de guerre.

» *Gardez-vous bien de le faire*, repondit le général, *il n'y a rien à reprocher à Sahraoui et il serait acquitté à l'unanimité* »,

Après de telles paroles sorties d'une bouche aussi honorable et aussi autorisée que celle de M. Tirman, l'imposture du « citoyen » Bézy est suffisamment démontrée pour que je me dispense d'augmenter ma dépense de rhétorique démonstrative.

Cette affaire Sahraoui, toute question de personnes mise à part, a un côté grave qui n'échappera pas aux lecteurs.

L'Algérie que nous avons conquise, a coûté beaucoup de sang français, mais il est incontestable qu'elle en eût coûté davantage, si nous n'avions trouvé aucun allié parmi les chefs indigènes, si tous s'étaient ligués pour former un gouvernement de défense nationale.

Ce n'est pas parce que notre conquête est aujourd'hui assurée et bien assise qu'il nous faut traiter en parias ceux qui nous ont aidés.

Le Gouvernement avait le devoir de faire connaitre les véritables causes de l'arrestation de Sahraoui pour ne pas laisser traîner son nom dans la boue, d'une façon indigne.

Mais comme la disparition complète de Sahraoui du pays de Tiaret entrait sans doute dans le plan que s'était tracé le général Thomassin en arrivant à la Division d'Oran, on laissa se produire toutes les plus monstrueuses accusations contre notre vieil allié, devenu gênant pour la politique machiavélique du moment.

La politique de M. Thomassin, était certainement pavée de bonnes intentions ; mais il ne comprit pas qu'en cas d'insuccès, — ce qui est arrivé — ses bonnes intentions devenaient un pavé de l'ours.

La révocation de l'agha Sahraoui mit le gouvernement général dans l'obligation de changer de fond en comble l'administration indigène de l'agalik. Sous peine de voir la tranquillité du pays compromise, on ne pouvait laisser en fonctions les caïds à la dévotion de Sahraoui.

Il fallut choisir un personnel dans le camp opposé.

Ce camp n'était autre que celui des insurgés de la veille. On confia un poste de caïd à un ancien chaouch de Bou-Amema !

La politique algérienne, sous le souffle guerrier du général Thomassin, entrait dans la voie du sacrifice des anciens amis de la France pour satisfaire la vengeance des Ouled Sidi Cheik, nos ennemis implacables.

Je m'étonne qu'on n'ait pas compris de suite qu'une politique dont la base était l'injustice, la méconnaissance des services rendus ne réussirait qu'à faire suspecter la bonne foi de la France.

On verra tout à l'heure de quelle façon sévère le chef des Ouled Sidi Cheik, repoussa les avances du général français.

La disparition de l'agha de Tiaret, qui avait enlevé dans un combat la femme de Kaddour ben Hamza, ne suffisait pas, il fallait aussi désavouer l'acte énergique accompli par le colonel Négrier. De son autorité privée, le général Thomassin fit reconstruire avec une magnificence exceptionnelle, la Kouba d'El-Abiod Sidi Cheik que le colonel Négrier avait fait sauter.

En outre, des cadeaux de toutes sortes et une somme de 80,000 francs, dit-on, dont une partie fournie par le bach-agha de Frenda, furent remis aux Ouled Sidi Cheik.

Cette affaire de la reconstruction de la Kouba fit un grand bruit dans la presse, mais on n'a jamais su au juste sur quels fonds les sommes dépensées avaient été prises.

Glissons, n'appuyons pas.

Après tant de satisfactions accordées aux Ouled Sidi Cheik, le général Thomassin pensa que le moment était propice pour négocier la soumission de Si Hamza, le chef du désert. Il se mit en relation avec lui pour avoir une entrevue dans laquelle les conditions de la soumission pourraient être arrêtées.

Une correspondance adressée au *Temps* et reproduite dans l'*Akhbar* portant la date du 5 avril 1883, rapporte que Si Hamza, après avoir sollicité une entrevue, ne se présenta pas au rendez-vous où le général Thomassin se trouva seul.

Le correspondant du *Temps* a été mal renseigné par l'autorité militaire qui a voulu cacher son échec.

L'entrevue entre le général Thomassin et Si Hamza, le chef des Ouled Sidi Cheik, a eu lieu sur les frontières sahariennes à Segguer.

Voici très exactement ce qui s'est passé :

« Le général Thomassin promit de l'argent et un commandement dans le Sud Oranais, mais ses avances furent repoussées par Si Hamza en ces termes :

« Quand tu me donnerais de l'or pour en couvrir la route d'ici à Oran, je ne me soumettrai pas.

» Je croyais que Sahraoui, chez les Français, *avait six chapeaux sur la tête et je vois qu'il est décoiffé.*

» Crois-tu que je puisse avoir confiance en la parole de la France après la disgrâce de Sahraoui qui a combattu pour elle, contre nous, ses correligionnaires?

Le général Thomassin s'en fut honteux comme un homme auquel on vient de mettre le nez dans une maladresse.

Les paroles de Si Hamza, que j'ai soulignées seront comprises par tous ceux qui connaissent les mœurs des musulmans, mais en voici l'explication pour ceux qui les ignorent.

Le respect chez un musulman se marque non pas en se décoiffant, mais au contraire en gardant la tête couverte. Décoiffer un arabe c'est la plus grande des dégradations.

On doit reconnaître aujourd'hui que la politique suivie vis-à-vis les Ouled Sidi Cheik, était une mauvaise politique. Nous avons réussi à inspirer de la méfiance aux arabes insoumis qui seraient tentés de venir à nous,

Comme je l'ai dit en commençant, M. Tirman n'est pas le plus responsable dans ces affaires du Sud Oranais. Nouvellement arrivé en Algérie, il était novice dans les affaires indigènes, il devait forcément s'en rapporter aux avis d'hommes qu'il supposait compétents et excellant dans la diplomatie usitée avec les arabes.

Surtout, M. Tirman ignorait encore la triste moralité du « citoyen Bézy », et il a été empoigné comme un « bonne gens » par les accents d'indignation à froid et sur commande de ce menteur. Il a dû être impressionné et saisir avec empressement l'occasion d'user de son droit d'internement à la suite des plaintes d'exaction formulées contre Sahraoui.

Aujourd'hui que je suis bien au courant de ce scandale que je connais à peuprès tous les acteurs qui ont tenu un rôle pour abuser de la faiblesse et de l'ignorance d'un accusé en même temps qu'ils servaient, non sans profits, les passions haineuses, le vice d'envie et le désir de *vendetta* des ennemis de cet accusé, je suis surpris que l'opinion publique ne se soit pas soulevée depuis longtemps déjà contre les cabotins politiques qui jouent ces sinistres comédies.

Les Français qui habitent l'Algérie, sont bien de la patrie de Voltaire, il n'est pas admissible qu'ils aient pu dire : « Après tout il ne s'agit que d'arabes; on ne sera jamais trop sévère à leur égard. » Je crois plutôt que nous sommes tellement envahis par le *menfoutisme* que le peuple qui fit la grande Révolution de 1789 laisserait faire, aujourd'hui, tous les coups d'Etat commettre tous les plus monstrueux attentats à la liberté sans soulever le moindre pavé.

Le scandale algérien que nous devons à un journaliste, conseiller général de la province d'Oran, est une véritable pièce à « tiroirs ».

Ainsi, on y trouve un homme politique, dont les liens d'amitié sont si intimes avec le « citoyen Bézy » qu'on peut, politiquement parlant, les appeler deux frères Siamois, offrant de prêter son concours pour défendre la cause de Sahraoui qu'il a reconnu juste.

N'est-ce pas un comble, ces deux Siamois, dont l'un se fait accusateur et l'autre défenseur de l'accusé!

D'autres encore, se sont offerts pour faire rendre justice à Sahraoui; parmi eux je pourrais citer des personnages très honorables d'Oran.

Le reproche que je fais à ces défenseurs, c'est de ne pas avoir eu le courage de leur opinion, quand on a la conscience tranquille, qu'on croit défendre une cause juste on n'a pas à se cacher, on agit ostensiblement.

Dans un autre « tiroir » de cette pièce on trouve encore un juif d'Oran qui s'est fait remettre par Sahraoui une somme de cinquante cinq mille francs en lui affirmant que la justice française était vénale comme celle des Turcs. Le scandale est déjà assez grand, nous ne voulons pas rechercher en quelles mains la plus grande partie de ces cinquante cinq mille francs est passée.

Le reçu donné par le juif, sur papier timbré, pourrait peut-être se retrouver dans certain dossier, couleur chamois, enfermé dans un palais algérien.

*  *

Plusieurs années ont passé sur cette affaire, des adoucissements très grands ont été apportés à l'internement de Sahraoui; mais il lui est encore interdit d'envoyer sa famille, ses troupeaux dans la région de Tiaret.

Les plus beaux palais ne tentent pas l'arabe, ce qu'il désire c'est le lieu de sa naissance, les horizons immenses que découpent les cîmes des montagnes aimées.

Sahraoui auquel un journaliste a volé l'honneur, profitant de ce qu'il était dans l'impossibilité de se défendre, ne peut revenir là où il est né, là où il a passé sa vie. Il ne peut y envoyer ses enfants. La seule espérance qu'on lui laisse, c'est qu'il pourra y revenir dans quelques années.

L'empêchement aujourd'hui, ce qui arrête le gouvernement général dans la voie d'une légitime réparation, c'est la crainte de mécontenter les ennemis de Sahraoui que l'on a pourvus d'emplois dans la région de Tiaret et que de ce mécontentement il ne sorte des troubles.

Cette raison est sérieuse, mais elle est un argument puissant pour démontrer qu'il faut au plus vite supprimer au Gouverneur général de l'Algérie les pouvoirs qu'il tient de la décision ministérielle du prince Napoléon. Lui maintenir le droit de faire arrêter les Indigènes lorsqu'il le jugera nécessaire dans l'intérêt de la tranquillité du pays, mais en ajoutant l'obligation impérieuse de traduire les inculpés, qu'il s'agisse de faits politiques ou administratifs, devant un tribunal ou une Cour martiale.

Voilà la réforme qu'il faut opérer et que M. Tirman voudra bien lui même reconnaitre juste et raisonnable.

La lourde responsabilité qu'il assume seul aujourd'hui sera bien diminuée.

On a répandu le bruit, dans la presse parisienne, que le ministère Goblet était dans l'intention de supprimer purement et simplement le gouvernement général de l'Algérie pour rattacher tous les services civils et militaires aux départements ministériels dont ces services ressortissent.

Les gouvernants ou les politiciens qui proposent de semblables mesures ont, bien certainement, une forte félure dans le crâne par où s'est échappé leur bon sens.

La suppression du gouvernement serait un acte tellement impolitique et tellement contraire aux intérêts de l'Algérie, qui sont ceux de la métropole elle-même, que nous n'admettrons jamais qu'un gouvernement, pour peu sensé qu'il puisse être, se hasarde à commettre une pareille folie.

Ah ! certes, nous serons toujours les premiers à protester contre l'organisation du gouvernement général, pouvoir sans contrôle effectif et sans prestige, tel qu'il fonctionne depuis sa création. Mais supposez qu'on le supprime, qu'on centralise à Paris la direction des divers services et imaginez le beau gâchis que nous feraient les incapables qui seraient chargés de nos destinées.

Ils seraient bien plus encore que ne l'est M. Tirman, les hommes-liges, les très humbles serviteurs de la députation algérienne.

Le *Petit Colon* a eu parfaitement raison de dire dans son numéro du 6 janvier 1887 :

« Une telle mesure prise d'une façon en quelque sorte incidente, serait déplorable. Il n'est pas un homme, connaissant bien l'Algérie et les difficultés de ce pays, qui réclame sérieusement une suppression si radicale. Sans doute le gouvernement général, depuis plusieurs années est entré dans une voie fâcheuse ; sans doute il produit peu et coûte beaucoup ; sans doute la paperasserie et la centralisation inutile ont pris la place d'une véritable et saine administration. Mais l'abus du système ne démontre pas qu'il faille le *supprimer*. Il doit suffire de le *réformer*.

» Ce serait une bien mauvaise économie que celle qui aurait pour résultat d'inaugurer un système de gouvernement capable peut-être de déchaîner à bref délai une insurrection indigène: *L'économie des insurrections* est une de celles qui s'imposent par dessus tout en Algérie.

» Nous sommes pour la *réforme*, non pour la *suppression* du Gouvernement général, parce qu'il a trop délaissé les questions spéciales de *gouvernement* pour lesquelles il est fait et qu'il a empiété sur le rôle des préfectures auxquelles devrait être réservée l'*administration* proprement dite. »

*L'économie des insurrections* est bien, en effet, la plus essentielle, celle que nous devons faire à tout prix ; c'est pour cela que je crois dangereux de continuer une erreur politique qui nous a aliéné un de nos anciens alliés du Sud Oranais sans autre résultat que celui de faire dire aux Arabes encore insoumis : « Mieux vaut rester dans le désert que de confier la garde de notre honneur et de notre vie au gouvernement d'une nation ingrate envers ceux qui l'ont servie. »

La pensée de M. Tirman de détruire la féodalité arabe est la meilleure pensée de son règne. C'est une politique que nous avons toujours soutenue.

Que l'on supprime les grands commandements indigènes, par voie d'extinction, très bien ; mais que l'on se garde d'accélérer le mouvement de façon à le rendre dangereux. Dans ces grandes réformes politiques et sociales il faut savoir conserver une bonne allure et ne pas s'emballer.

On a enlevé à Sahraoui son titre d'Agha, qu'on ne le lui rende pas, d'accord, quoiqu'il eut été plus politique d'attendre que la suppression se fit naturellement par décès.

Mais est-il prudent d'avoir confié dans notre Sud Oranais des fonctions de gouvernement à des Indigènes qui ont servi sous les ordres de Bou-Amema? N'y a-t-il pas à craindre sérieusement qu'ils n'écoutent la voix d'un Marabout prêchant une insurrection générale lorsque la France sera occupée en Europe ?

Le parti Sahraoui, nombreux, se rappelant qu'il a été sacrifié, dépossédé d'une manière brutale par le gouvernement qu'il avait servi n'aurait aucune disposition hostile, peut-être ; mais il est tout naturel de croire qu'il ne montrerait pas une ardeur extraordinaire à offrir sa vie et sa fortune pour nous aider dans la défense.

Le gouvernement s'est aujourd'hui enfermé dans un cercle vicieux ; s'il rétablit le parti Sarahoui dans les fonctions publiques qu'il occupait autrefois, autorisant simplement l'agha révoqué, pour faits d'exactions, à revenir dans le pays, où il n'exercerait plus aucun commandement, il est à craindre, comme je l'ai dit déjà, qu'il en résulte une certaine agitation provoquée par les partisans de Bou-Amema actuellement en possession du pouvoir.

S'il continue à refuser à Sahraoui la justice qui lui est due, c'est-à-dire, s'il maintient son exil de Tiaret, il perpétue une politique déplorable, il prolonge une iniquité fâcheuse qui ferait dire aux Arabes: « Dieu est toujours grand, mais la France n'est plus juste. »

A quoi se résoudre ? Je n'hésite pas à répondre, il faut rendre justice. Il y a un Arabe, qui nous a aidé dans la conquête du pays, auquel une bande de misérables a ravi son honneur en le diffamant odieusement par la voie d'un journal, le gouvernement a le devoir de ne pas s'associer même indirectement à cette infâmie.

Rendons à Sahraoui ce qui est à Sahraoui et à Bézy ce qui est à son *Fanal*.

J'ai soulevé un coin du voile qui cachait une infâmie, je n'ai avancé que des faits absolument vrais.

Si j'approuve hautement le gouvernement cherchant à détruire cette peste des exactions féodales naturalisée en Afrique avec l'Islam, cherchant à supprimer les chefs indigènes qui s'interposent entre la masse de la population Arabe, je crois aussi que c'est une mauvaise politique d'exagérer la brutalité envers le peuple vaincu et de traiter de nos jours les fonctionnaires indigènes comme ils l'étaient au temps des pachas turcs.

Le gouvernement algérien s'il fait bien de ne pas rendre son titre à Sahraoui ne ferait-il pas bien également de lui rendre la liberté d'aller résider dans son pays d'origine, au pied de ses montagnes.

L'histoire des colonies atteste que la civilisation s'est maintes fois rendue coupable de crimes et de vices qui l'ont déshonorée. Gardons-nous bien de quitter la voie civilisatrice humanitaire suivie en Algérie et exerçons toujours sur les Indigènes une justice rapide mais *équitable*.

Sous l'empire, les écrivains algériens indépendants osèrent élever la voix pour s'indigner contre les administrateurs qui voulurent méconnaître les droits des Indigènes et porter atteinte à leur liberté ; sous la République, serai-je seul à oser prendre la défense du faible ?

Si, mettant en pratique un principe général de politique, le gouvernement de l'Algérie avait procédé à la suppression de tous les titres, de toutes les fonctions publiques tenues par les Arabes, et interner tous les grands chefs dans une contrée lointaine, je n'aurais pas à user d'encre pour crier à l'injustice ; la seule chose qu'aurait à faire un publiciste serait d'examiner les bons ou mauvais résultats de cette mesure générale.

Mais par les détails que j'ai donnés sur la conspiration qui avait été ourdie contre Sahraoui, serviteur fidèle de la France ainsi que l'attestent les lettres affectueuses des généraux de Colomb et Saussier, cette affaire prend les proportions d'un scandale inouï.

Ce scandale a peut être trop duré déjà, car il a laissé croire aux chefs Indigènes, qui nous ont toujours été fidèles, que leur liberté et celle de leur famille étaient entre les mains du premier drôle à vendre dans la presse algérienne.

La presse de l'Algérie fera ce qu'elle voudra, je n'ai pas d'ordres à lui donner, mais tant pis pour sa réputation si elle ne sait pas procéder à une exécution nécessaire.

Le gouvernement de l'Algérie doit s'inquiéter des

conséquences graves d'une conduite qui pourrait le faire passer aux yeux des Indigènes pour un gouvernement prenant pour base de sa politique l'ingratitude.

Je n'ai pas à ma disposition 80,000 francs de fonds secrets mais j'ai appris cependant qu'une insurrection était probable, fomentée par les Ouled Sidi Cheik, le jour où la mère-patrie aura rappelé ses légions pour passer le Rhin.

Je sais aussi que Sahraoui avait proposé un plan, dont la réussite était à peu près sûre, pour écraser dès maintenant les tribus indomptées que Si Hamza commande. Ce plan M. Tirman n'a pas voulu le mettre à exécution parce qu'il était nécessaire pour sa réussite de laisser faire une certaine agitation et d'avoir recours à la poudre. Le Gouverneur général m'a exposé qu'il pouvait réussir, à l'aide de moyens pacifiques, scientifiques même, puis-je dire.

Je ne disconviens pas que le plan de M. Tirman est plus humanitaire, mais il faut pour le mener à bien la certitude que la paix européenne ne sera pas troublée encore, pendant de longues années, et que par conséquent, pendant ce même laps de temps, la tranquillité persistera dans le Sud Algérien.

*<br>* *

Le problème algérien, étudié depuis cinquante années, n'a jamais été résolu et il restera toujours dans la période d'étude tant que nous gouvernerons *avec des individus*, au lieu de faire gouverner *avec des principes* par des individus.

Notre politique algérienne a toujours été ballotée au gré du premier venu que le hasard ou les circonstances amenaient au Gouvernement général. Le gouvernail, pour conduire la bonne politique, c'est un principe, où tout principe manque, la barque va à l'aventure, changeant de direction autant de fois que change le vent, et n'abordant jamais.

Cinq modes de relations entre les peuples conquérants et les peuples conquis, existeraient d'après Hegewisch : l'extermination des personnes ; l'expropriation, avec la réduction des vaincus à l'état d'esclaves ;

l'imposition des lois, des mœurs, de la religion et de la langue, avec le respect des personnes et des biens, ce qui fut la méthode des Romains ; l'exigence de tributs et de services avec le respect des institutions et des lois comme des personnes et des biens, ce qui fut spécialement la méthode des Romains en présence des Grecs ; l'adoption par le vainqueur des mœurs du vaincu.

Alexandre le Grand inaugura la sixième méthode dont le principe était l'union et la fusion du peuple conquérant avec le peuple vaincu.

C'est cette dernière méthode que nous voulons en Algérie et pour obtenir l'acquiescement du peuple arabe à notre civilisation il faut l'accoutumer à l'obéissance de nos lois par un *traitement honnête*.

Repoussons toute mesure arbitraire rappelant l'administration et le gouvernement des Turcs. Que notre influence civilisatrice se fonde sur le solide principe d'une morale supérieure à celle des barbares.

Les Arabes ont conservé le souvenir de l'avidité sans honte et de la cruauté sans remords des pachas Turcs, ne leur laissons pas croire que notre civilisation traîne après elle des pachas « à plumes », ou publicistes sans moralité et sans honte, pour commettre les plus basses spoliations les rapts d'honneur les plus odieux.

A l'heure présente où l'existence du Gouvernement général de l'Algérie est menacée, je me range pour la défendre sous la bannière des autonomistes qui veulent perfectionner son fonctionnement et non le détruire.

Tout le monde sait que certaines critiques sont dirigées contre le Gouvernement général pour plaire à une personnalité dont je ne me rappelle plus exactement le nom : Machin, Mâtin ou Môguin, auquel les électeurs de Blidah ont offert un siège à la Chambre des Députés, qu'il a ensuite échangé contre un « pouf » au Sénat dans lequel le bruit qu'il fait est inodore.

Il faut admirer « l'enfant de ses œuvres » mais parce qu'on a réussi dans le « petit coumirce » des caractères et de l'imprimerie ce n'est pas une raison suffisante pour se croire un aigle en politique. Il ne faut pas non plus que M. Mâchin se croie dans la peau du lion paré qu'il a à son service des journaux qui font résonner son parchemin en lui passant la main sur le dos.

La peau d'âne d'un tambour résonne aussi quand on la frictionne.

L'Algérie a besoin d'un gouvernement autonome, tout autre système ne ferait que plonger la colonie dans un gâchis administratif et social qui amènerait sa ruine à bref délai.

Les plus fougueux assimilateurs ont souvent démontré que l'intérêt particulier seul les guidait. Le même citoyen qui se dit partisan de l'assimilation en tant qu'officier ministériel parce qu'il désire avoir le droit, comme en France, de vendre la charge dont on lui a fait cadeau, devient un partisan de l'autonomie le jour où le gouvernement de la mère-patrie prétend ap, liquer à ses enfants la loi militaire.

Les pays croissent et vivent comme les individus. Au peuple naissant il faut un régime autre que pour une nation dans l'âge mûr.

L'Algérie doit conserver un gouvernement qui soit approprié aux mœurs de ses habitants, au climat et aux besoins particuliers du pays.

Parmi les perfectionnements à apporter aux pouvoirs du Gouvernement de la colonie, le plus essentiel c'est la division signalée par Montesquieu comme la base de la liberté publique.

Cette division est une garantie contre le despotisme du pouvoir exécutif, vis-à-vis les Indigènes, lequel se trouve alors contenu par les décisions d'une justice indépendante.

« Tout serait perdu, dit Montesquieu, si le même homme ou le même corps des principaux, soit des nobles, soit du peuple, exerçait ses trois pouvoirs : celui de faire des lois, d'exécuter les résolutions publiques, et celui de juger les crimes ou les différents des particuliers ».

Pendant que les juifs, grippe-sous usuriers, « suçant les bourses des colons et des indigènes jusqu'à ce qu'elles soient vides et que les malheureux succombent » sont égaux aux français devant la loi, les arabes subissent le régime du bon plaisir.

Le Gouverneur pour frapper un arabe n'a besoin

d'aucune loi, il prend les résolutions publiques que lui dicte son bon plaisir, sur un simple rapport il prononce l'exil d'un individu, d'une famille ou de tribus entières sans avoir à les renvoyer devant un tribunal quelconque pour être jugés, ni même à leur faire connaître les fautes ou les crimes pour lesquels ils sont frappés !

Tous les hommes étant faillibles, l'exercice d'un tel pouvoir doit sembler bien lourd à un Gouverneur. Dans certains cas il peut assumer seul une responsabilité terrible et, s'il arrive inexpérimenté dans le pays, commettre, sur les conseils et les rapports de subordonnés irresponsables, des fautes graves qu'il regrettera plus tard.

M. Tirman nous est très sympathique et si nous appelons ici l'attention du Parlement sur la nécessité de retirer au plus vite au Gouverneur général de l'Algérie le pouvoir arbitraire qu'il exerce en vertu d'une décision ministérielle du prince Napoléon, ce n'est pas la personne de M. Tirman que nous visons, c'est un principe de justice que nous voulons faire admettre.

M. Tirman doit comprendre que ses véritables amis ne sont pas ceux qui l'encensent, qui flattent ses erreurs, ses caprices ; l'exercice du pouvoir a dû lui apprendre que ceux-là faisaient métier de flatteurs pour être payés en faveurs ou autrement.

N'est-ce pas toujours à son meilleur ami que l'on demande : « Dis moi la vérité ».

Pourquoi encore M. Tirman craint-il de répandre l'instruction chez les Indigènes, veut-il les maintenir dans l'ignorance pour qu'ils soient plus longtemps encore exploitables par des chevaliers de l'ordre du nommé Bézy.

Voici à ce sujet les justes réflexions faites par M. Hugonnet, dans le journal la *France* :

« M. Tirman vient d'arriver à Paris, ainsi qu'il le fait a chaque changement de ministère. Peut-être pense-t-il que son étrange budget est menacé de sombrer à la rentrée. A-t-il encore des millions à nous demander ou se sent-il obligé d'expliquer comment il se fait qu'il ait besoin de 8 ).000 francs pour ses fonds secrets, tandis qu'il n'accorde pas plus de 40,00 ) francs à l'instruction publique de trois millions d'indigènes? Le libéralisme qu'on lui a attribué n'est peut-être que de la libéralité.

» Pour ceux qui ne seraient pas édifiés à ce sujet, nous rappellerons les paroles prononcées par le Gouverneur général à la dernière session du Conseil supérieur : « Ce sont les Indigènes auxquels nous avons donné l'instruction la plus complète qui nous sont généralement les plus hostiles. Ne songeons pas à en faire des savants et à leur donner le goût des places : *il faut qu'ils restent cultivateurs* ».

» Ce langage est épouvantable. Nous mettons M. Tirman au défi de citer un seul indigène instruit par nous, qui soit devenu notre ennemi. Nous avons formé un petit nombre d'officiers, de médecins et d'interprètes ; tous sont dévoués à la France. Il est vrai que les Indigènes instruits ont plus conscience de leurs droits et des devoirs de l'administration ; ils sont moins disposés à supporter les fraudes et les spoliations ; ils savent que les excès de pouvoir d'un employé subalterne ne sont pas imputables à la nation française toute entière : ils ne confondent pas M. Tirman avec la France : ils ont confiance dans notre justice ; comme autrefois les paysans en pensant au roi, ils se disent : Si la France le savait !

» C'est pour cela que M. Tirman veut qu'ils restent cultivateurs taillables et corvéables. Ce libéral veut perpétuer le régime des castes. C'est pour proclamer de pareils principes que la République lui donne plus de 300,000 francs par an ! Et pendant ce temps, les hommes les plus éminents de la métropole fondent une **A**lliance française pour la diffusion de notre langue !

» L'illustre M. Duruy, écrivant une magnifique préface pour le manuel franco-arabe de M. Rénach, propose d'ajouter le mot *libro* à la devise de Bugeaud : *Ense et aratro*. « L'épée a achevé son œuvre, s'écrie-t-il, la charrue fait la sienne : mais la conquête morale n'est pas accomplie. » Tandis que M. Tirman veut parquer les Indigènes dans leur ignorance, . Duruy évoque éloquemment le souvenir de la vive lumière qui éclairait le monde musulman, tandis que l'Europe était plongée dans les ténèbres.

» C'est au nom de leur glorieux passé qu'il convie les Arabes à se réveiller et à marcher avec nous pour rendre aux provinces africaines l'éclat qu'elles ont eu déjà deux fois. Mais tous ces vaillants efforts de la métropole sont stérilisés par la force d'inertie d'un proconsul sans autre idéal que de se maintenir en place en flattant les préjugés de race, en perpétuant l'ignorance chez les Indigènes et en bernant les colons de promesses irréalisables.

» C'est un grand malheur pour la France que l'on n'ait pas envoyé Paul Bert à Alger. Il comprenait autrement la mission de la France que les ronds-de-cuir préoccupés de conserver leurs positions pour les avantages matériels qu'elles procurent et qui se soucient fort peu de nous voir perdre l'Algérie et la Tunisie, dans un avenir prochain, par la pratique d'un funeste système d'égoïsme, d'ignorance et d'imprévoyance.

» S'il existait la moindre lueur de patriotisme dans ces esprits étroits, ils comprendraient qu'il y a pour nous, dans l'Afrique du Nord, une précieuse pépinière d'hommes qui nous donne des soldats incomparables, dont le nombre croît chaque jour et atteindra six millions dans un demi-siècle. La population n'augmentant pas chez nous, la plus grande richesse que nous puissions désirer, c'est l'accroissement de notre capital humain ; le reste n'est qu'un appât pour les convoitises de l'étranger. Ce qu'il nous faut, c'est le plus grand nombre possible de poitrines à opposer à l'invasion. Aveugles et criminels sont ceux qui ne veulent pas le comprendre !

» L. LEGONNET. »

À ceci nous ajoutons : ce n'est pas seulement aux Arabes mâles qu'il faut donner l'instruction, apprendre notre langue, c'est surtout la femme arabe que notre civilisation doit conquérir en l'instruisant.

Le jour où les femmes indigènes seront instruites par nos institutrices, la fusion sera faite.

La question des indigènes, comme on le voit, s'agite beaucoup, en ce moment, dans la presse parisienne ; elle viendra au Parlement. Que M. Tirman se joigne à moi pour demander que les pouvoirs du Gouverneur général de l'Algérie ne renferment plus le droit de supprimer la liberté d'un individu ou des collectivités sans entendre les accusés, sans les juger.

Il est encore utile de maintenir le pouvoir d'arrestation sans aucune formalité, sur un ordre, mais il faut que l'arrestation opérée, par mesure de sûreté publique, elle soit suivie d'un renvoi devant un tribunal ordinaire ou même une Cour martiale dont la composition pourrait être déterminée par une loi.

Plus particulièrement l'arrestation de l'agha de Tiaret, Si El Hadj Kaddour Sahraoui, son internement et celui de ses femmes, de ses enfants, de ses troupeaux ayant été précédés et suivis d'accusations mensongères et odieuses, œuvre d'un diffamateur, c'est un scandale, une infâmie. Pour que la complicité du Gouvernement ne soit pas soupçonnée davantage, j'ai soulevé le voile qu'il a eu tort de jeter sur cette affaire.

L'opinion publique éclairée, se demandera peut-être si c'est une bonne politique de frapper ses amis dans le vain espoir de se concilier ses ennemis jurés.

Pour terminer, je rappelle ce que disait un jour le

maréchal Bugeaud : Soyons justes et cléments envers les Indigènes, mais n'oublions jamais qu'ils ne connaissent que la force.

J. H. SÉNEMAUD.

# APPENDICE

LISTE des Caïds actuellement en fonctions dans le Cercle de Géryville qui ont pris part à l'insurrection de Bou-Amema en 1882.

AHMED BEN CHAACHOUR, caïd Oulad Emrane.

TEDJINI BEN MANSOUR, caïd Oulad Moumen.

CHEICKH BEN BOU TKIL, caïd Derrag Gheraba.

HAMZA BEN KADDOUR, caïd Derrag Cheraga.

MOHAMED BEN BOU AZA, caïd Oulad Seror.

EL GHERBI BEN EL HADJ, caïd Oulad Maalah.

SLIMAN BEN MOHAMED, caïd Oulad Abd el Kerim.

BEN EL MECHRI, *ancien chaouch de Bou-Amema,* caïd des Oulad Ziad Gheraba.

RAMDAN BEN BOU DOUAÏA, caïd Akenna.

Imp. Typ.-Lith. de I. Barade, impasse de la Révolution, Alger.